TEXTO
Iuri Pereira

ILUSTRAÇÃO
Marcelo Cipis

Amizade, aconchego,
carinho e amor.

Chocolate, quadrinhos,
família, piscina.

Futebol, correria,
sorvete, calor.

Música, perfume,
beleza, sabor.

Aconchega, conforta,
sacia e aquece.

Se o seu lençol é de seda
e até brilha no escuro
o meu tem o cheiro mais puro
e mais cheio de leveza:
o cheiro da framboesa!

O cachorro do vizinho
tem um nome esquisito
e uma língua cor de vinho,
mas meu vira-lata conhece
o jeito de me agradar,
apesar de ser bem velho
e estar cansado de brincar.

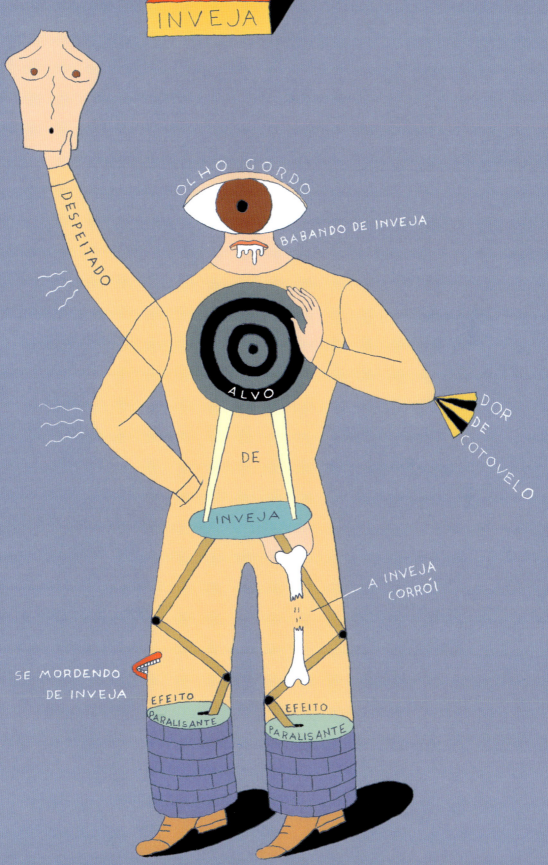

Na hora em que o sangue sobe
e sai fumaça das narinas
e relâmpagos dos olhos
e a boca despeja trovões,
é melhor chamar os bombeiros,
um suco de maracujá,
tomar um banho gelado,
contar até dez dez vezes.

Depois, com a cabeça fria,
reconhecer a razão
e evitar outra explosão.

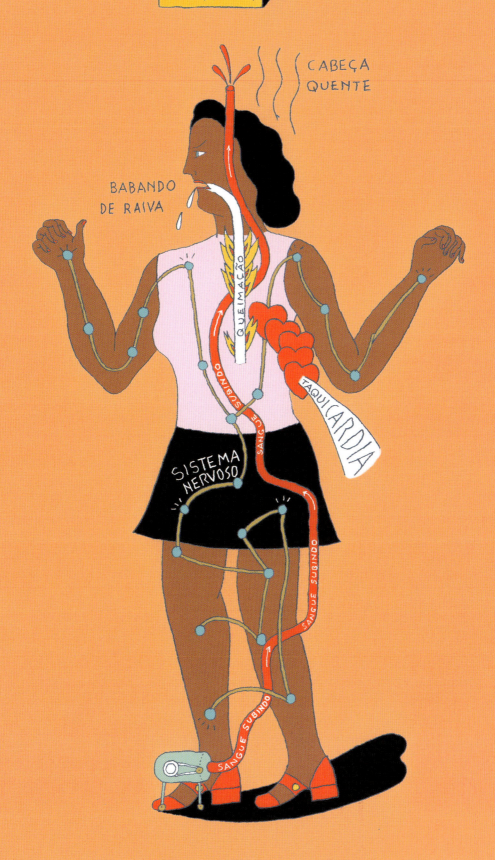

Não tem dias que parece
que está tudo no lugar:
os cotovelos e ombros,
pescoço, olhos e boca,
estômago e coração,
funcionando cada qual
como se não existissem
diferenças, só um corpo,
unificado e disposto,
a manter-se no seu posto?

É como a felicidade,
só que em forma de gotinhas
que te percorrem por dentro
elétricas, luminosas,
doces e escorregadias.

É como um choque de vida
como um beijo enviado
de outra galáxia.

Como sem ela saber
o sabor da alegria?

A gangorra só diverte
quando sobe e quando desce.

Precisa saber ser triste
e saber realegrar-se.

Precisa subir a rampa
pra poder escorregar.

Se a tristeza às vezes vem,
ela também sabe passar.

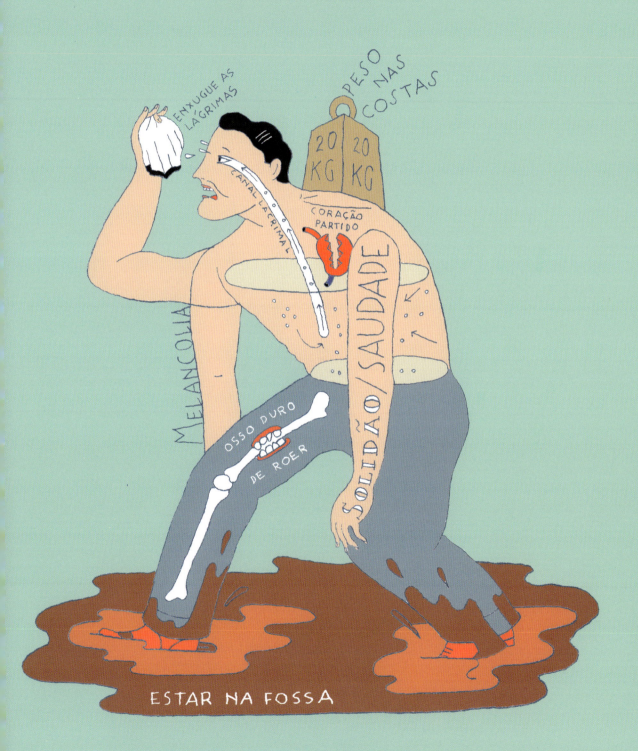

O rio corre sozinho,
não adianta apressar,
e os ponteiros ignoram
o peso do teu olhar.

O tempo escorre por si,
às vezes veloz, outras lento,
esperar também faz parte
e cada coisa tem seu tempo.

A delícia de estar parado,
sentindo a leveza do corpo,
adiar lição de casa,
ignorar o despertador.

O dia inteiro de pijama,
almofadas, chocolate,
celular e cobertores,
sem culpa, ficar à toa,
olhando lá fora a garoa.

Como um pato na lagoa
sem perigo algum desliza
sentindo a brisa no peito.

Como os peixes lá embaixo
nadando um doce balé.

Como as crianças que brincam
no parque aos raios do sol.

Como a estrela que desponta
feliz, sozinha,
antes de a noite chegar,
porque não sabe esperar.

Não adianta negar,
porque às vezes ela vem,
pode ser um sentimento,
um lamento, uma tristeza,
às vezes com certa doçura,
outras, duro cadeado
te impedindo de sair.

Só você pode saber
a chave que vai te abrir.

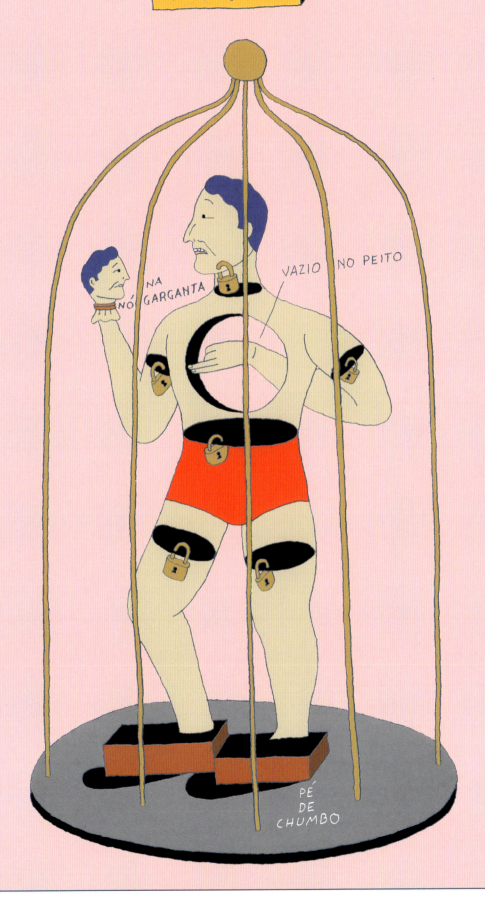

Pode ser uma palavra
pode ser um olhar
pode ser um toque
e até mesmo um aceno.

Pode ser uma carta
pode ser uma flor
podem ser as mãos dadas
dividir cobertor.

Seja como for,
venha de onde vier,
pegue o que puder,
dê quanto tiver.

É uma fonte infinita,
abundante e bonita.

Não precisa ter vergonha!

O que assusta e arrepia:
injeção, dentista, faca,
fantasma, doença e hipocrisia,
faz a gente ter cuidado!

Não confunda ter coragem
com andar desavisado.

É por ter medo dos carros
que atravesso com cuidado
e chego firme ao outro lado.

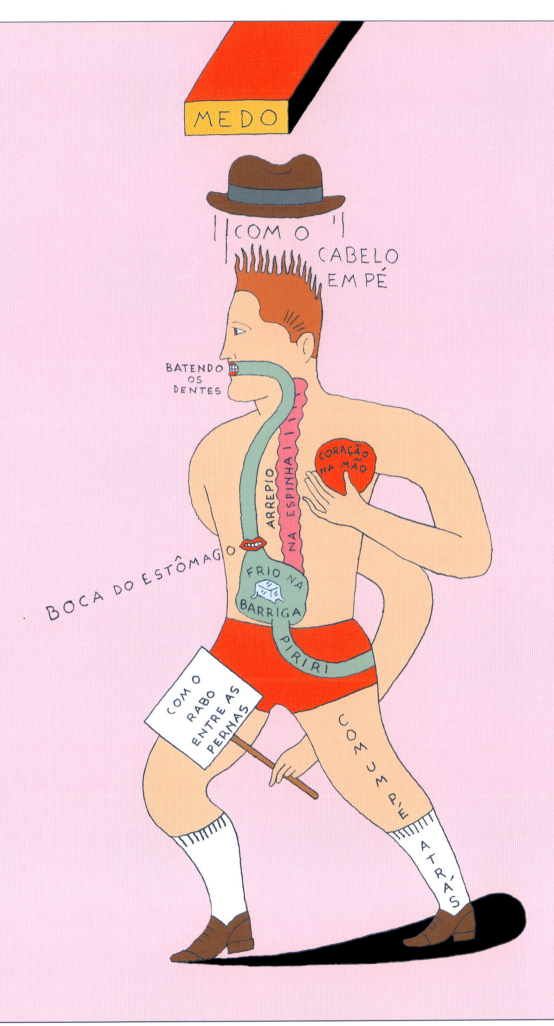

Parecem comprimidos
concentrados de alegria!
A água quentinha do banho,
o beijo bom de bom dia,
o doce perfume de Amália,
Pedro, José ou Sabrina,
um sorriso sem motivo,
descansar de um longo dia.

Não perca, preste atenção:
são pílulas de alegria!

Aquilo que inflama os sentidos,
enchendo tudo de cor,
é querer chegar à praia
só pra ver o sol se pôr
só pra poder esperar
nas ondas que vão e vêm
o brilho prata do luar.

Copyright © 2023 Iuri Pereira
Copyright ilustrações © 2023 Marcelo Cipis

Editora
Renata Farhat Borges

Editora assistente
Ana Carolina Carvalho

Editoração eletrônica
Elis Nunes

Revisão
Mineo Takatama

Dados Internacionais de Catalogação na Publicação (CIP) de acordo com ISBD

P436s   Pereira, Iuri
        Sinto muito / Iuri Pereira ; ilustrado por Marcelo Cipis. - São Paulo : Peirópolis, 2023.
        32 p. : il. ; 19,5cm x 27,5cm.
        ISBN: 978-65-5931-243-6

        1. Literatura brasileira. 2. Poesia. I. Cipis, Marcelo. II. Título.

                                            CDD 869.1
2023-882   CDU 821.134.3(81)-1

Elaborado por Odilio Hilario Moreira Junior - CRB-8/9949
Índice para catálogo sistemático:
1. Literatura brasileira: Poesia 869.1
2. Literatura brasileira: Poesia 821.134.3(81)-1

Editado conforme o Acordo Ortográfico da Língua Portuguesa de 1990.

Também disponível nos formatos digitais
e-Pub (ISBN 978-65-5931-246-7) e KF8 (ISBN 978-65-5931-245-0)

1ª edição, 2023

Editora Peirópolis Ltda.
R. Girassol, 310F – Vila Madalena,
São Paulo – SP, 05433-000
tel.: (11) 3816-0699 | cel.: (11) 95681-0256
vendas@editorapeiropolis.com.br
www.editorapeiropolis.com.br